Impressum
Verlag: BABADADA GmbH, Nedderfeld 112 , 22529 Hamburg
Geschäftsführer / Verlagsleitung: Harald Hof
Druck: Books on Demand GmbH, In de Tarpen 42, 22848 Norderstedt

Imprint
Publisher: BABADADA GmbH, Nedderfeld 112 , 22529 Hamburg, Germany
Managing Director / Publishing direction: Harald Hof
Print: Books on Demand GmbH, In de Tarpen 42, 22848 Norderstedt, Germany

škola

مدرسه

učionica
کلاس درس
dijeliti
تقسیم کردن
186/2
školsko dvorište
ploča
تخته
učitelj
معلم
papir
کاغذ
pisati
نوشتن
kemijska olovka
خودکار
pisaći stol
میز تحریر
ravnalo
خط کش
knjiga
کتاب
učenik
دانش آموز

torba

کیف مدرسه

pernica

جامدادی

grafitna olovka

مداد

šiljilo za olovke

تراش

gumica za brisanje

پاک کن

blok za crtanje

دفتر رسم

crtež

طراحی

kist

قلم مو

kutija s bojama

جعبه ی آبرنگ

makaze

قیچی

ljepilo

چسب

bilježnica

کتاب تمرین

domaći zadatak

تکلیف خانه

12

broj

رقم

2+2

sabirati

جمع کردن

5-2

oduzimati

تفریق کردن

2×2

množiti

ضرب کردن

računati

محاسبه کردن

A

slovo

حرف الفبا

ABCDEFG HIJKLMN OPQRSTU VWXYZ

abeceda

الفبا

riječ

کلمه

tekst

متن

čitati

خواندن

kreda

گچ

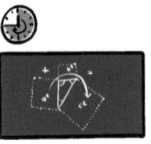

sat

درس

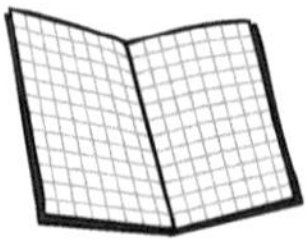

dnevnik

ثبت نام

ispit

امتحان

svjedodžba

مدرک رسمی

školska uniforma

لباس مدرسه

obrazovanje

تحصیلات

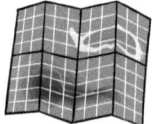

leksikon

دانشنامه

sveučilište

دانشگاه

mikroskop

میکروسکوپ

karta

نقشه

košara za papir

سبد کاغذ باطله

hotel
هتل
prenoćište
مسافرخانه
ROOMS
mjenjačnica
صرافی
kofer
چمدان
auto
اتومبیل

jezik
زبان

da / ne
بله / خیر

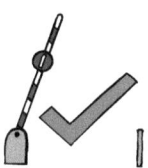

okay
اُکی

zdravo
سلام

prevoditelj
مترجم

hvala
ممنون

Koliko košta...?

قیمت ... چه قدر است؟

ne razumijem

من متوجه نمی شوم

problem

مشکل

dobro veče!

عصر بخیر! / شب بخیر!

Dobro jutro!

صبح بخیر!

Laku noć!

شب بخیر!

doviđenja

خدانگهدار

smjer

جهت

prtljaga

بار سفر

torba

کیف

ruksak

کوله پشتی

gost

مهمان

soba

اتاق

vreća za spavanje

کیسه خواب

šator

خیمه

turističke informacije

مرکز راهنمای گردشگران

plaža

ساحل

kreditna kartica

کارت اعتباری

doručak

صبحانه

ručak

نهار

večera

شام

karta za vožnju

بلیط

dizalo

آسانسور

poštanska markica

مهر

granica

مرز

carina

گمرک

ambasada

سفارتخانه

viza

ویزا

putovnica

گذرنامه

transport

حمل و نقل

zrakoplov
هواپیما
brod
کشتی
vatrogasno vozilo
ماشین آتش نشانی
autobus
اتوبوس
teretno vozilo
کامیون
motorni čamac
قایق موتوری
biciklo
دوچرخه
auto
اتومبیل

trajekt

کشتی مسافربری

čamac

قایق

motocikl

موتورسیکلت

policijski auto

ماشین پلیس

trkaći auto

ماشین مسابقه

iznajmljeno auto

ماشین کرایه ای

dijeljenje automobila

به اشتراک گذاری اتوموبیل

vučno vozilo

جرثقیل

vozilo za odvoz smeća

ماشین حمل زباله

motor

موتور

benzin

بنزین

benzinska postaja

پمپ بنزین

prometni znak

تابلو راهنمایی و رانندگی

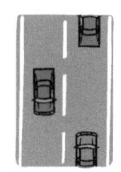

promet

عبور و مرور

zastoj

ترافیک

parkiralište

پارکینگ

kolodvor

ایستگاه قطار

šine

ریل راه آهن

vlak

قطار

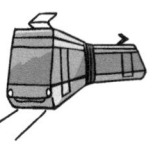

tramvaj

قطار برقی

vagon

واگن

helikopter

هليکوپتر

zrakoplovna luka

فرودگاه

toranj

برج

putnik

مسافر

kontejner

کانتینر

karton

کارتن

kolica

گاری

košara

سبد

uzletjeti / sletjeti

به پرواز درآمدن / فرود آمدن

grad

شهر

selo

دهکده

centar grada

مرکز شهر

kuća

خانه

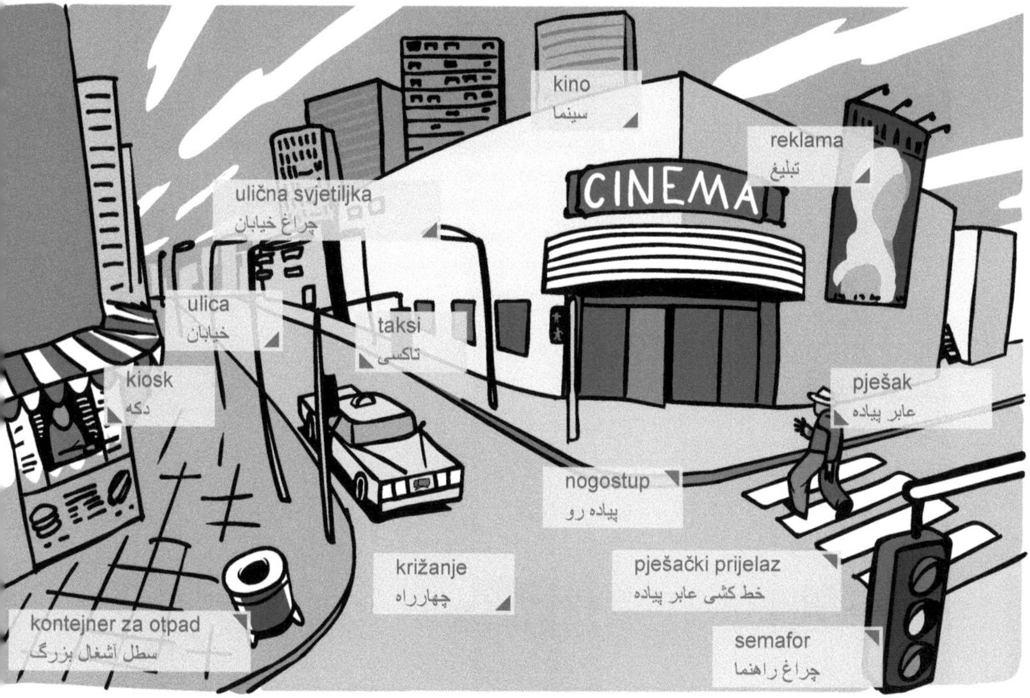

kino
سینما
reklama
تبلیغ
ulična svjetiljka
چراغ خیابان
ulica
خیابان
taksi
تاکسی
kiosk
دکه
pješak
عابر پیاده
nogostup
پیاده رو
križanje
چهارراه
pješački prijelaz
خط کشی عابر پیاده
kontejner za otpad
سطل آشغال بزرگ
semafor
چراغ راهنما

koliba
....
کلبه

stan
....
آپارتمان

kolodvor
....
ایستگاه قطار

vijećnica
....
ساختمان شهرداری

muzej
....
موزه

škola
....
مدرسه

sveučilište

دانشگاه

banka

بانک

bolnica

بیمارستان

hotel

هتل

ljekarna

داروخانه

ured

اداره

knjižara

کتابفروشی

prodavaonica

مغازه

cvjećara

گل فروشی

supermarket

سوپرمارکت

trg

بازار

robna kuća

فروشگاه بزرگ

ribarnica

ماهی فروش

trgovački centar

مرکز خرید

luka

بندر

park

پارک

klupa

نیمکت

most

پل

stepenice

پله

podzemna željeznica

مترو

tunel

تونل

autobusna stanica

ایستگاه اتوبوس

bar

میخانه

restoran

رستوران

poštansko sanduče

صندوق پست

ulični znak

تابلوی خیابان

parkirni sat

دستگاه پارکومتر

zoološki vrt

باغ وحش

bazen

استخر شنای عمومی

džamija

مسجد

seosko gazdinstvo

مزرعه

zagađenje okoliša

آلودگی محیط زیست

groblje

قبرستان

crkva

کلیسا

igralište

زمین بازی

hram

معبد

krajolik

چشم انداز

list
برگ

putokaz
تابلوی راهنمای مسیر

put
راه

livada
چمنزار

kamen
سنگ

drvo
درخت

šetač
راه نورد

rijeka
رودخانه

trava
چمن

cvijet
گل

dolina

دره

planina

تپه

jezero

دریاچه

šuma

جنگل

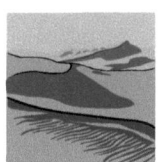

pustinja

بیابان

vulkan

کوه آتشفشان

dvorac

قلعه

duga

رنگین کمان

gljiva

قارچ

palma

درخت نخل

moskito

پشه

muha

مگس

mrav

مورچه

pčela

زنبور

pauk

عنکبوت

buba

سوسک

žaba

قورباغه

vjeverica

سنجاب

jež

جوجه تیغی

zec

خرگوش صحرایی

sova

جغد

ptica

پرنده

labud

قو

divlja svinja

گراز

jelen

گوزن نر

los

گوزن شمالی

nasip

سد آب

vjetrenjača

توربین بادی

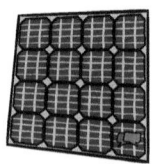

solarna ploča

صفحه ی خورشیدی

klima

آب و هوا

restoran

رستوران

jelovnik
منوی غذا
stolica
صندلی
supa
سوپ
pica
پیتزا
stolnjak
رومیزی
pribor za jelo
سرویس کارد و قاشق و چنگال

predjelo

پیش‌غذا

glavno jelo

غذای اصلی

desert

دسر

napitci

نوشیدنی ها

jelo

غذا

boca

بطری

fastfood

فست فود

imbis hrana

اغذیه خیابانی

čajnik

قوری

doza za šećer

قندان

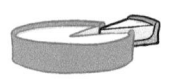

porcija

پُرس غذا

aparat za espresso

دستگاه اسپرسو

visoka stolica

صندلی پایه بلند غذاخوری بچه

račun

صورتحساب

pladanj

سینی

nož

چاقو

vilica

چنگال

žlica

قاشق

čajna žlica

قاشق چایخوری

ubrus

دستمال سفره

čaša

لیوان

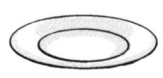

tanjur

بشقاب

tanjur za supu

بشقاب سوپخوری

tanjurić

نعلبکی

sos

سس

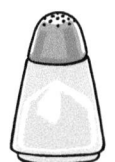

soljenka

نمکدان

mlin za biber

فلفل ساب

ocat

سرکه

ulje

روغن خوراکی

začini

ادویه جات

kečap

سس کچاپ

senf

سس خردل

majoneza

سس مایونز

supermarket
سوپرمارکت

ponuda
پیشنهاد ویژه
kupac
مشتری
mliječni proizvodi
لبنیات
voće
میوه جات
kolica za kupnju
چرخ دستی خرید

mesnica
قصابی

pekarnica
نانوایی

vagati
وزن کردن

povrće
سبزیجات

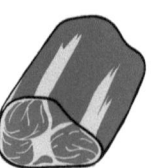

meso
گوشت

duboko smrznuta hrana
غذای منجمد

narezak

مخلوطی از انواع کالباس یا پنیر که
ورقه ای بریده شده باشند

konzerve

غذای کنسروی

sredstvo za pranje

پودر لباسشویی

slatkiši

شیرینی جات

artikli za domaćinstvo

لوازم خانگی

sredstva za čišćenje

ماده شوینده و پاک کننده

prodavačica

فروشنده

blagajna

صندوق پرداخت

blagajnik

صندوقدار

lista za kupnju

لیست خرید

vrijeme rada

ساعات کار

novčanik

کیف پول

kreditna kartica

کارت اعتباری

torba

کیف

plastična vrećica

کیسه ی پلاستیکی

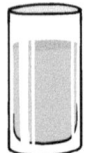

napitci

نوشیدنی ها

voda

آب

sok

آبمیوه

mlijeko

شیر

cola

نوشابه کوکاکولا

vino

شراب

pivo

آبجو

alkohol

الکل

kakao

کاکائو

čaj

چای

kava

قهوه

espresso

قهوه اسپرسو

cappuccino

کاپوچینو

banana

موز

jabuka

سیب

naranča

پرتقال

lubenica

انواع هندوانه و خربزه

limun

لیمو

mrkva

هویج

češnjak

سیر

bambus

نی بامبو

luk

پیاز

gljiva

قارچ

orašasti plodovi

آجیل

rezanci

ماکارونی

špagete

اسپاگتی

riža

برنج

salata

سالاد

pomfrit

سیب زمینی سرخ کرده

pečeni krumpir

سیب زمینی سرخ شده

pica

پیتزا

hamburger

همبرگر

sendvič

ساندویچ

šnicla

شنیتسل

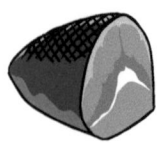

pršut

ژامبون خوک

salama

سالامی

kobasica

سوسیس

kokoš

مرغ

pečenje

نوعی گوشت سرخ شده

riba

ماهی

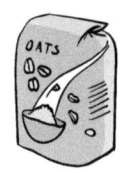

zobene pahuljice

جوی پرک شده

musli

نوعی صبحانه مخلوطی از برگه ذرت و
میوه های خشک شده و خشکبار که
معمولا با شیر خورده می شود

kukuruzne pahuljice

کورن‌فلکس

brašno

آرد

roščić

کرواسان

pecivo

نان بروتشن

kruh

نان

toast

نان تست

keksi

بیسکویت

maslac

کره

svježi sir

کشک

kolač

کیک

jaje

تخم مرغ

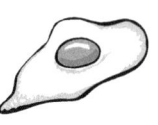

jaje na oko

تخم مرغ نیمرو

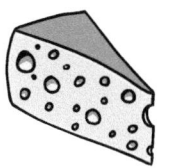

sir

پنیر

sladoled

بستنی

šećer

شکر

med

عسل

marmelada

مربا

nugat krema

کرم شکلاتی بادامی

curry

ادویه کاری

seosko gazdinstvo

مزرعه

sjenik
انبار غله
bale sijena
خرمن گاه
polje
مزرعه
konj
اسب
prikolica
ماشین یدک کش
traktor
تراکتور
ždrijebe
کره اسب
magarac
خر
ovca
گوسفند
lane
بره

koza

بز

krava

گاو ماده

tele

گوساله

svinja

خوک

prase

بچه خوک

bik

گاو نر

guska

غاز

patka

اردک

pilići

جوجه

kokoš

مرغ

pijetao

خروس

pacov

موش صحرایی

mačka

گربه

miš

موش

vol

گاو نر اخته

pas

سگ

kućica za psa

لانه ی سگ

vrtno crijevo

شلنگ باغبانی

kanta za polijevanje

آبپاش

kosa

داس دسته بلند

plug

گاوآهن

srp

داس

motika

کج بیل

vilica za gnojivo

چنگک باغبانی

sjekira

تبر

tačke

فرقون

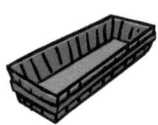

korito

آبشخور

posuda za mlijeko

بطری نگهداری شیر

vreća

کیسه

ograda

حصار

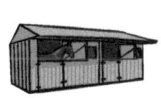

štala

اصطبل

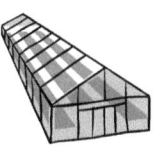

staklenik

گلخانه

zemlja

خاک

sjeme

بذر

gnojivo

کود

kombajn

ماشین کمباین

žanjati

برداشت کردن محصول

žetva

محصول

yams začin

تمیس

pšenica

گندم

soja

سویا

krumpir

سیب زمینی

kukuruz

ذرت

uljana repica

کلزا

voćka

درخت میوه

gomolj manioke

گیاه مانیوک

žitarice

غلات

kuća

خانه

dimnjak
دودکش
krov
پشت بام
žlijeb
ناودان
prozor
پنجره
garaža
گاراژ
zvono
زنگ در
vrata
در
korpa za otpad
سطل آشغال
poštansko sanduče
صندوق مراسلات
vrt
باغ

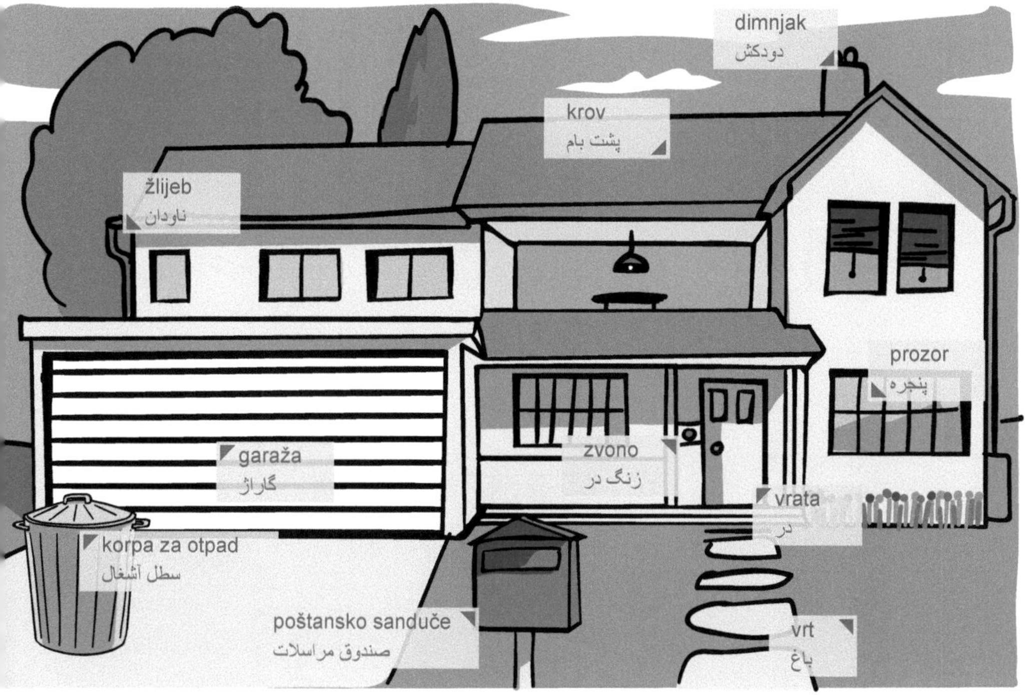

dnevna soba

اتاق نشیمن

kupaonica

حمام

kuhinja

آشپزخانه

spavaća soba

اتاق خواب

dječija soba

اتاق بچه

trpezarija

ناهارخوری

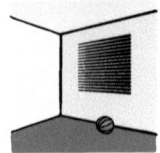

pod

کف زمین

zid

دیوار

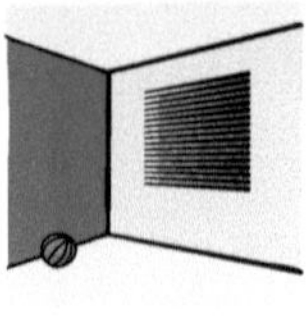

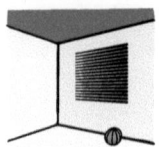

strop

سقف

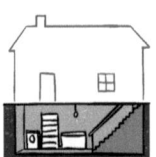

podrum

زیرزمین

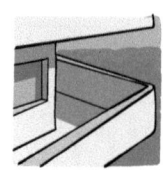

sauna

سونا

balkon

بالکن

terasa

تراس

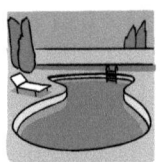

bazen

استخر

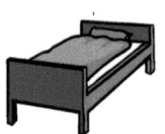

kosilica za travu

ماشین چمن‌زنی

posteljina za krevet

ملافه

deka za krevet

روتختی

krevet

تخت خواب

metla

جارو

kanta

سطل

sklopka

سویچ یا کلید

dnevna soba
اتاق نشیمن

tapeta
کاغذ دیواری
slika
عکس
svjetiljka
لامپ
regal
قفسه
ormar
کابینت
televizija
تلویزیون
kamin
شومینه
cvijet
گل
jastuk
کوسن
kauč
کاناپه
vaza
گلدان
daljinski upravljač
کنترل تلویزیون و ویدئو و غیره

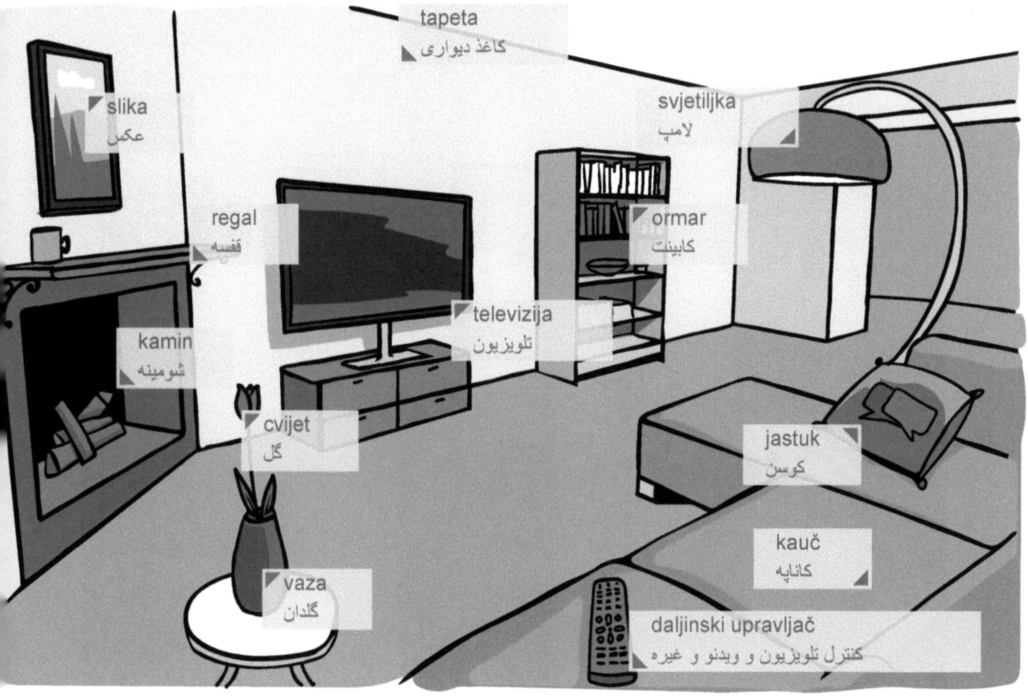

tepih

فرش

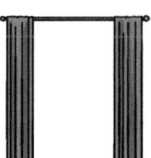

zavjesa

پرده

stol

میز

stolica

صندلی

stolica za njihanje

صندلی گهواره ایی

fotelja

صندلی راحتی

knjiga

كتاب

deka

لحاف

dekoracija

دكوراسيون

drvo za ogrjev

هيزم

film

فيلم

stereo uređaj

دستگاه ضبط صوت

ključ

كليد

novine

روزنامه

slika na platnu

تابلو نقاشى

poster

پوستر

radio

راديو

blok za pisanje

دفترچه يادداشت

usisavač

جاروبرقى

kaktus

كاكتوس

svijeća

شمع

kuhinja
آشپزخانه

hladnjak
mikrovalna pećnica
ماکروویو
kuhinjska vaga
toaster
تُستر
sredstvo za čišćenje
ماده شوینده و پاک کننده
pećnica
فر خوراک پزی
pretinac za zamrzavanje
جایخی
korpa za otpad
سطل آشغال
perilica za suđe
ماشین ظرفشویی

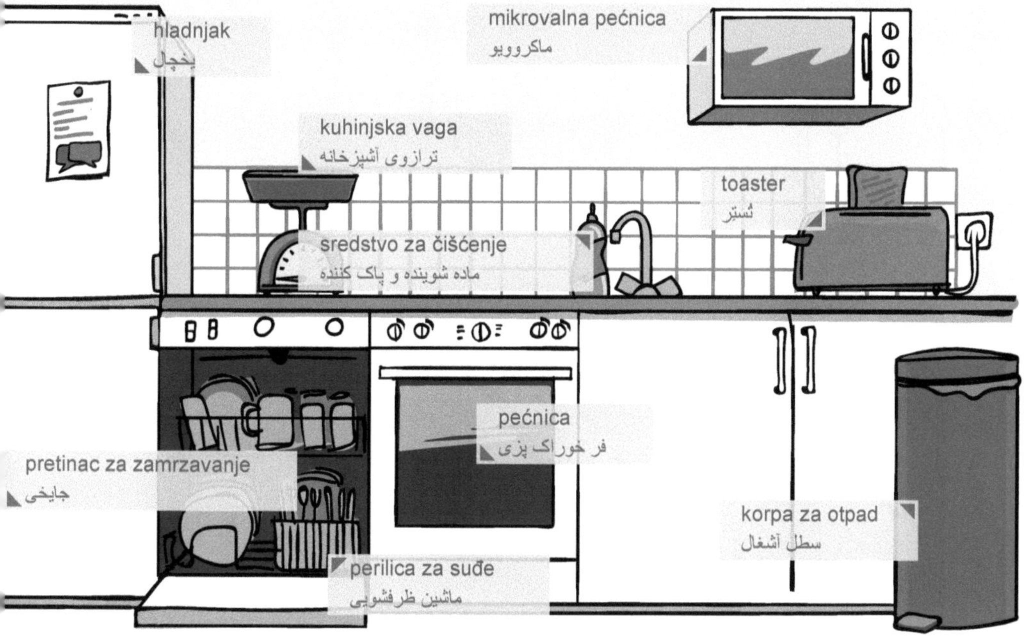

štednjak

اجاق گاز

lonac

قابلمه

željezni lonac

قابلمه چدنی

wok / kadai

ماهی تابه گود

tava

ماهی تابه

kuhalo za vodu

کتری

kuhalo na paru

بخارپز

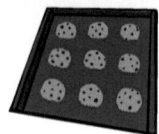

lim za pečenje

سینی فر

posuđe

ظرف چینی آشپزخانه

čaša

لیوان

zdjela

كاسه

štapići za jelo

چاپستیک

kutljača

ملاقه

lopatica

كفگیر

pjenjača

همزن

sito za kuhanje

آبكش

sito

آبكش

ribež

رنده

mužar

هاون

roštilj

باربیکیو

ognjište

محل مخصوص افروختن آتش

daska

تخته گوشت و سبزی

oklagija

وردنه

vadičep

در بطری بازکن

konzerva

قوطی

otvarač konzervi

در قوطی بازکن

krpa za lonac

دستگیره پارچه ای

sudoper

سینک ظرفشویی

četka

برس گردگیری

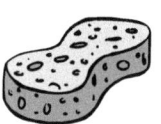

spužva

اسفنج

mikser

مخلوط کن

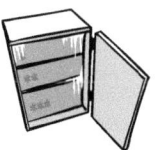

zamrzivač

فریزر

bočica za bebe

شیشه شیر بچه

slavina za vodu

شیر آب

kupaonica

حمام

tuš
دوش
grijanje
بخاری
ručnik
حوله
zavjesa za tuš
پرده ی حمام
pjenušava kupka
حمام کف
kada
وان حمام
čaša
لیوان
perilica za rublje
ماشین لباسشویی
slavina za vodu
شیر آب
pločice
کاشی
dječja kahlica
لگن دستشویی کودکان
sudoper
سینک ظرفشویی

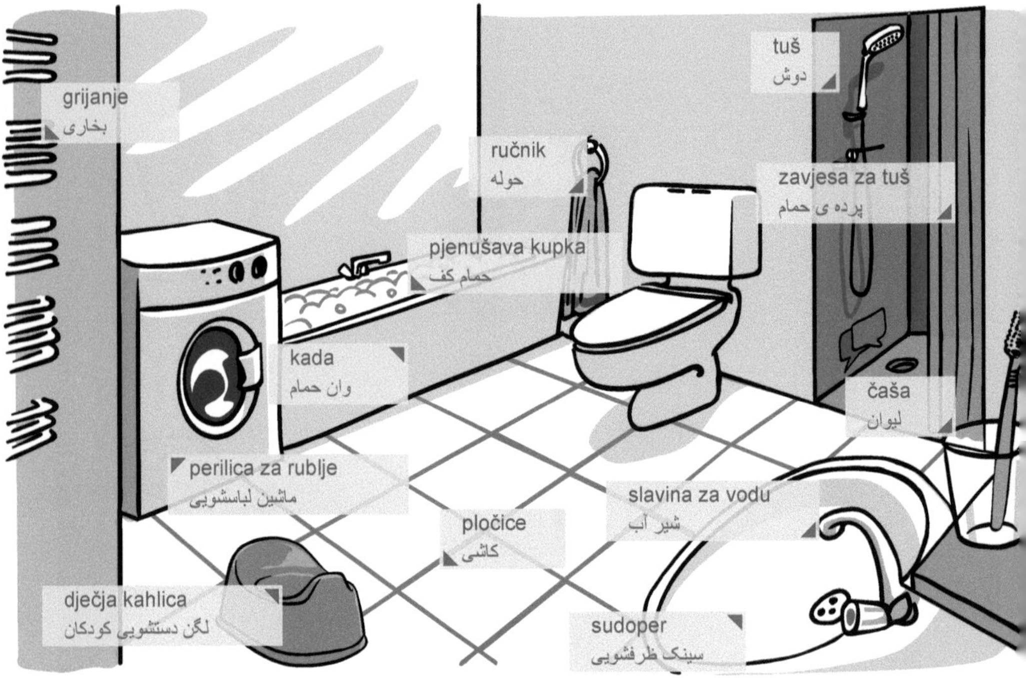

toalet

توالت

čučavac

توالت ایرانی

bidet

کاسه توالت

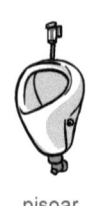

pisoar

توالت مخصوص آقایان

papir za toalet

دستمال توالت

četka za toalet

فرچه توالت

četkica za zube

مسواک

pasta za zube

خمیردندان

konac za zube

نخ دندان

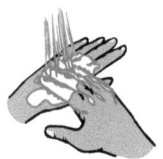

prati

شستن

tuš ručica

دوش آب تلفنی

tuš za pranje intimnih dijelova

شلنگ توالت

lavor

لگن روشویی

četka za pranje leđa

برس شست و شوی پشت

sapun

صابون

gel za tuširanje

شامپو بدن

šampon

شامپو

krpa za pranje

لیف حمام

odvod

راه آب

krema

کرم

dezodorans

اسپری دئودورانت

ogledalo

آیینه

kozmetičko ogledalo

آیینه ی کوچک دستی

brijač

تیغ ریش تراشی

pjena za brijanje

کف ریش‌تراشی

losion za poslije brijanja

أفترشیو

češalj

شانه ی سر

četka

برس

sušilo za kosu

سشوار

sprej za kosu

أسپری مو

makeup

آرایش

ruž za usne

رژلب

lak za nokte

لاک ناخن

vata

پنبه

škare za nokte

قیچی ناخن

parfem

عطر

neseser

کیف لوازم آرایشی و بهداشتی

stolica

چهارپایه

vaga

ترازو

ogrtač

حوله ی پالتویی

rukavice za čišćenje

دستکش ظرفشویی

tampon

تامپون

uložak

نوار بهداشتی

kemijski toalet

توالت سیار

dječija soba

اتاق بچه

budilnik
ساعت زنگدار
plišana igračka
نوعی عروسک نرم به شکل حیوانات
auto igračka
ماشین اسباب بازی
zvečka
جغجغه
kućica za lutke
خانه ی عروسکی
poklon
کادو

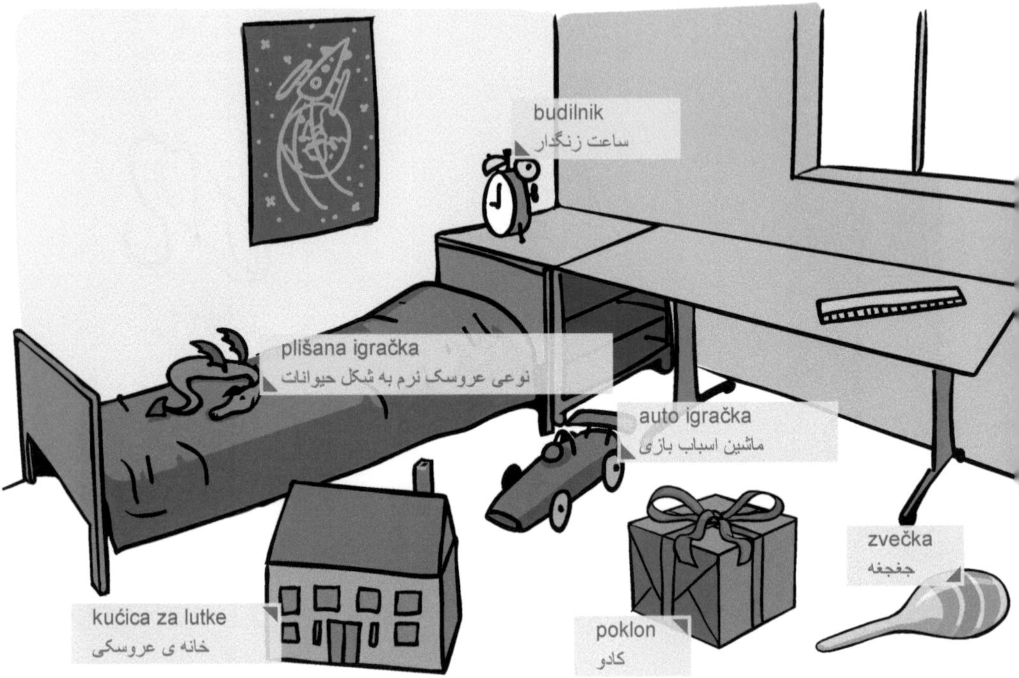

balon

بادکنک

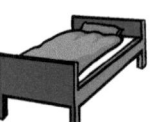

krevet

تخت خواب

dječija kolica

کالسکه بچه

igra s kartama

بازی ورق

slagalica

پازل

strip

داستان مصور

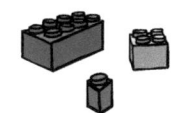

lego kockice

اسباب بازی لگو

kockice za slaganje

خانه سازی

akcioni junak

عروسک شخصیت های فیلم و کارتون

kombinezon za bebe

لباس نوزاد

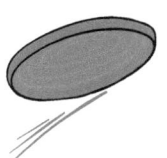

frizbi

فریزبی

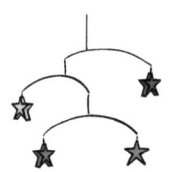

viseće igračke

نوعی اسباب بازی که روی تخت نوزاد
یا کودک نصب می شود

društvene igre

بازی روی صفحه

kocka

تاس

minijaturna željeznica

قطار اسباب بازی

duda

پستانک

tulum

مهمانی

slikovnica

کتاب مصور

lopta

توپ

lutka

عروسک

igrati

بازی کردن

pješčanik

جعبه شنی مخصوص بازی کودکان

ljuljačka

تاب

igračka

اسباب بازی

konzola za igre

کنسول بازی های کامپیوتری

tricikl

سه چرخه

plišani medo

خرس عروسکی

ormar

کمد لباس

odjeća

لباس

kratke čarape

جوراب

čarape

جوراب زنانه ساق بلند

hulahopke

جوراب شلواری

šal
شال

kišobran
چتر

t-shirt
تی شرت

kaiš
کمربند

čizme
پوتین

papuče
دمپایی

patike
کفش ورزشی کتانی

sandale
صندل

cipele
کفش

gumene čizme
چکمه پلاستیکی

gaćice
شرت

grudnjak
سوتین

potkošulja
جلیقه

odjeća - لباس

bodi

بادی

hlače

شلوار

džins

جین

haljina

دامن

bluza

بلوز

košulja

پیراهن

džemper

پولیور

pulover s kapuljačom

سویی شرت

blejzer

نوعی کت

jakna

ژاکت

kaput

کت بلند

kabanica

بارانی

kostim

لباس نمایش

haljina

لباس

vjenčanica

لباس عروس

odijelo

کت و شلوار

spavaćica

لباس خواب زنانه

pidžama

پیژامه

sari

ساری

rubac

روسری

turban

عمامه

burka

برقع

kaftan

قبا

abaja

عبا

kupaći kostim

لباس شنا

kupaće gaćice

شرت شنا

kratke hlače

شلوارک

odjeća za trening

لباس ورزشی

pregača

پیشبند

rukavice

دستکش

odjeća - لباس   47

gumb

دکمه

naočale

عینک

narukvica

دستبند

ogrlica

گردنبند

prsten

انگشتر

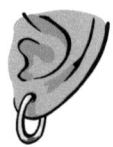

naušnica

گوشواره

kapa

کلاه لبه دار

vješalica

چوب لباسی

šešir

کلاه

kravata

کراوات

patent zatvarač

زیپ

kaciga

کلاه ایمنی

naramenice

بند شلوار

školska uniforma

لباس مدرسه

uniforma

لباس فرم

podbradak

پیش بند بچه

duda

پستانک

pelena

پوشک بچه

ured

اداره

server
سرور
ormar za spise
کمد نگهداری پرونده
pisač
چاپگر
papir
کاغذ
monitor
مانیتور
miš
ماوس
pisaći stol
میز تحریر
mapa
زونکن
tipkovnica
صفحه کلید
košara za papir
سبد کاغذ باطله
računar
کامپیوتر
stolica
صندلی

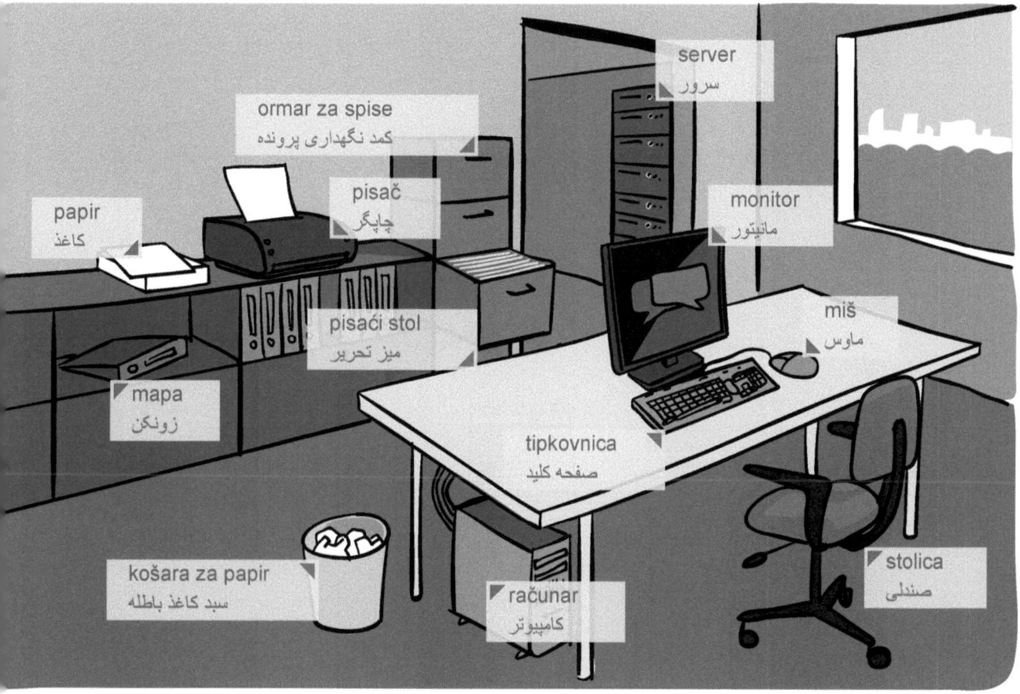

šalica za kavu

لیوان قهوه

kalkulator

ماشین حساب

internet

اینترنت

laptop

لپ تاپ

pismo

نامه

poruka

پیغام

mobilni telefon

تلفن همراه

mreža

شبکه ی ارتباطی

uređaj za kopiranje

دستگاه فتوکپی

softver

نرم افزار

telefon

تلفن

utičnica

پریز

faks

دستگاه فاکس

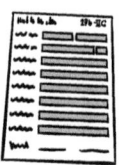

obrazac

فرم

dokument

مدرک

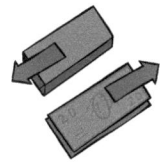

kupovati

خریدن

platiti

پرداخت کردن

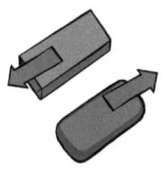

trgovati

تجارت کردن

novac

پول

dolar

دلار

euro

یورو

jen

ین

rubalj

روبل

švicarski franak

فرانک سوئیس

renmindbi yuan

یوان رنمینبی

rupija

روپیه

automat za novac

دستگاه خودپرداز

mjenjačnica

صرافی

zlato

طلا

srebro

نقره

nafta

نفت

energija

انرژی

cijena

قیمت

ugovor

قرارداد

porez

مالیات

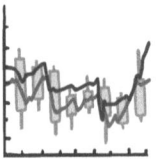

dionica

سهام سرمایه

raditi

کار کردن

službenik

کارمند

poslodavac

کارفرما

tvornica

کارخانه

prodavaonica

مغازه

zanimanja
مشاغل

policajac
مامور پلیس
vatrogasac
آتش نشان
kuhar
آشپز
liječnik
دکتر
pilot
خلبان

vrtlar
باغبان

stolar
نجار

krojačica
خیاط زنانه

sudija
قاضی

kemičar
شیمیدان

glumac
بازیگر

vozač autobusa

راننده اتوبوس

vozač taksija

راننده تاکسی

ribar

ماهیگیر

čistačica

نظافتچی زن

krovopokrivač

سقف ساز

konobar

پیشخدمت رستوران

lovac

شکارچی

slikar

نقاش

pekar

نانوا

električar

برقکار

građevinski radnik

کارگر ساختمانی

inženjer

مهندس

mesar

قصاب

limar

لوله کش

poštar

پستچی

vojnik

سرباز

arhitekta

معمار

blagajnik

صندوقدار

cvjećar

گل فروش

frizer

آرایشگر

kondukter

مامور کنترل بلیط در قطار

mehaničar

مکانیک

kapetan

ناخدا

zubar

دندانپزشک

znanstvenik

دانشمند

rabi

عالم یهودی

imam

امام

monah

راهب

svećenik

کشیش

alati

ابزارآلات

čekić
چکش
kliješta
انبردست
odvijač
پیچ گوشتی
ključ za vijke
آچار
džepna svjetiljk
چراغ قوه

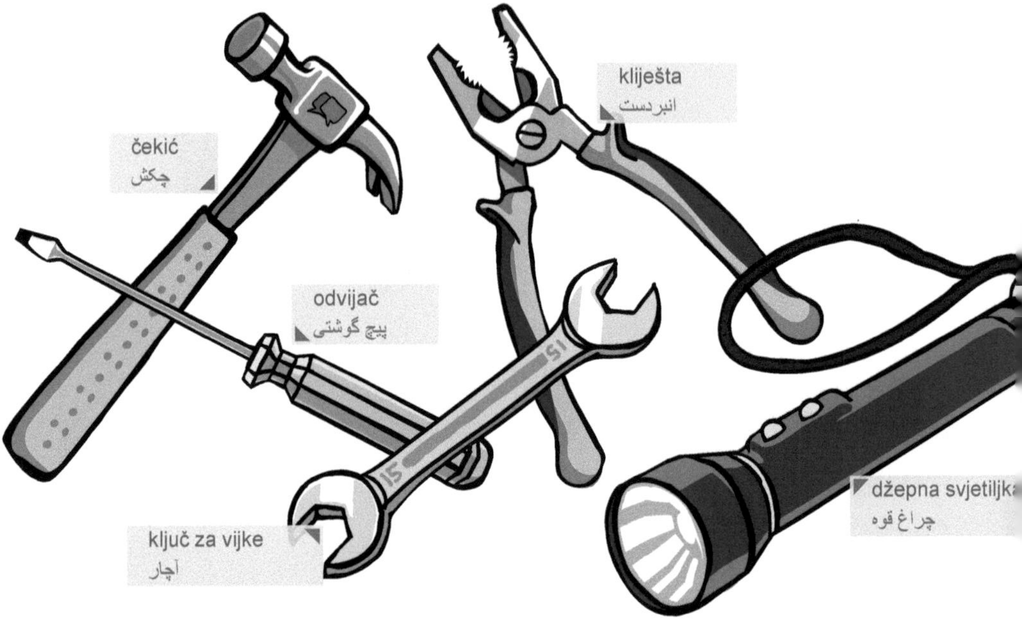

rovokopač

بیل مکانیکی

kutija za alat

جعبه ابزار

ljestve

نردبان

pila

ارّه

ekser

میخ

bušilica

مته

popraviti

تعمیر کردن

lopata

بیل

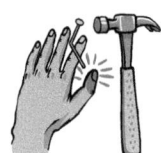

Sranje!

لعنتی!

lopatica

خاک انداز

lonac za boju

سطل رنگرزی

vijci

پیچ

glazbeni instrument

آلات موسیقی

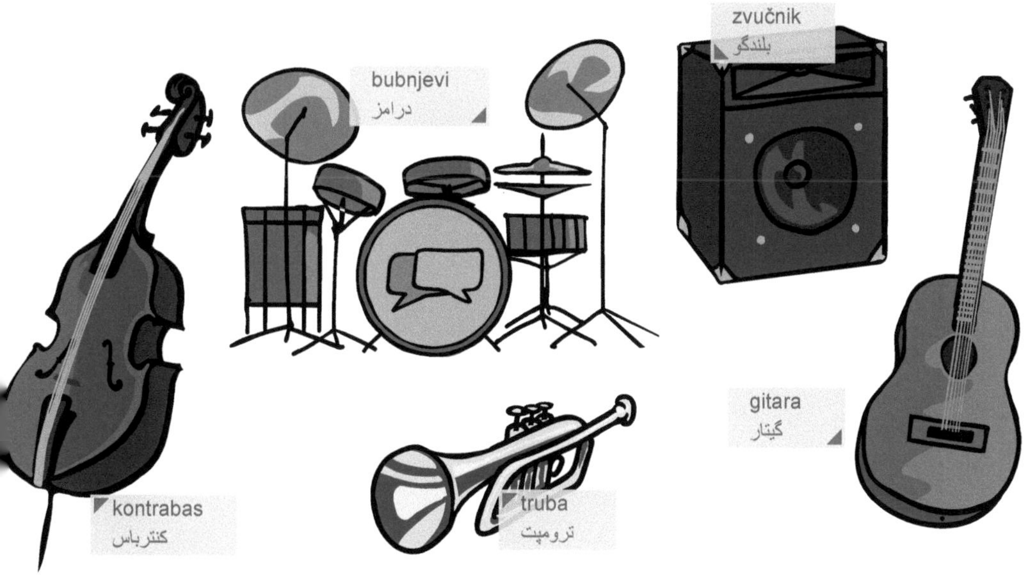

zvučnik
بلندگو

bubnjevi
درامز

kontrabas
کنترباس

truba
ترومپت

gitara
گیتار

klavir

پیانو

violina

ویولن

bas

گیتار بیس

timpani

تیمپانی

udaraljke za bubnjeve

طبل

keyboard

کیبورد الکتریک

saksofon

ساکسیفون

flauta

فلوت

mikrofon

میکروفون

zoološki vrt

باغ وحش

ulaz
ورودی
tigar
ببر
kavez
قفس
zebra
گورخر
hrana za životinje
خوراک حیوانات
panda
خرس پاندا

životinje

حیوانات

slon

فیل

kengur

کانگورو

nosorog

کرگدن

gorila

گوریل

medvjed

خرس

kamila

شتر

noj

شترمرغ

lav

شیر

majmun

میمون

flamingo

فلامینگو

papagaj

طوطی

polarni medvjed

خرس قطبی

pingvin

پنگوئن

ajkula

کوسه

paun

طاووس

zmija

مار

krokodil

تمساح

čuvar u zoološkom vrtu

نگهبان باغ وحش

tuljan

خوک آبی

jaguar

پلنگ امریکایی

poni

اسب کوچک

leopard

پلنگ

nilski konj

اسب آبی

žirafa

زرافه

orao

عقاب

divlja svinja

گراز

riba

ماهی

kornjača

لاک پشت

morž

شیرماهی

lisica

روباه

gazela

غزال

šport
ورزش ها

američki nogomet
فوتبال آمریکایی
biciklizam
دوچرخه سواری
tenis
تنیس
košarka
بسکتبال
plivanje
شنا
boks
بوکس
hockey na ledu
هاکی روی یخ

nogomet
فوتبال

badminton
بدمینتون

atletika
دوومیدانی

rukomet
هندبال

skijanje
اسکی

polo
پولو

aktivnosti
فعالیت ها

smijati se
خندیدن
skočiti
پریدن
zagrliti
بغل کردن
ići
راه رفتن
pjevati
آواز خواندن
sanjati
رؤیا دیدن
moliti se
دعا کردن
poljubiti
بوسیدن

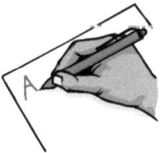

pisati
نوشتن

crtati
رسم کردن

pokazati
نشان دادن

gurati
هل دادن

dati
دادن

uzeti
برداشتن

imati

داشتن

činiti

انجام دادن

biti

بودن

stojati

ایستادن

trčati

دویدن

povlačiti

کشیدن

baciti

پرتاب کردن

padati

افتادن

ležati

دراز کشیدن

čekati

منتظر بودن

nositi

حمل کردن

sjediti

نشستن

oblačiti

لباس پوشیدن

spavati

خوابیدن

probuditi se

بیدار شدن

gledati

تماشا کردن

plakati

گریه کردن

milovati

نوازش کردن

češljati

شانه کردن

govoriti

حرف زدن

razumjeti

فهمیدن

pitati

پرسیدن

slušati

شنیدن

piti

آشامیدن

jesti

خوردن

pospremiti

مرتب کردن

voljeti

عاشق بودن

kuhati

پختن

voziti

رانندگی کردن

letjeti

پرواز کردن

ploviti

قایقرانی کردن

računati

محاسبه کردن

čitati

خواندن

učiti

یاد گرفتن

raditi

کار کردن

vjenčati se

ازدواج کردن

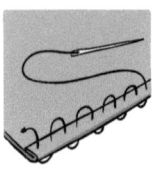

šiti

دوختن

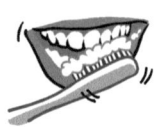

prati zube

مسواک زدن

ubiti

کشتن

pušiti

سیگار کشیدن

poslati

فرستادن

obitelj
خانواده

baka
مادربزرگ
djed
پدربزرگ
otac
پدر
majka
مادر
beba
کودک
kćerka
فرزند دختر
sin
فرزند پسر

gost

مهمان

tetka

خاله، عمه

ujak, stric

دایی، عمو

brat

برادر

sestra

خواهر

tijelo

بدن

čelo
پیشانی
oko
چشم
rame
شانه
prst
انگشت دست
lice
صورت
brada
چانه
ruka
دست
noga
ساق پا
grudi
سینه
ruka
بازو

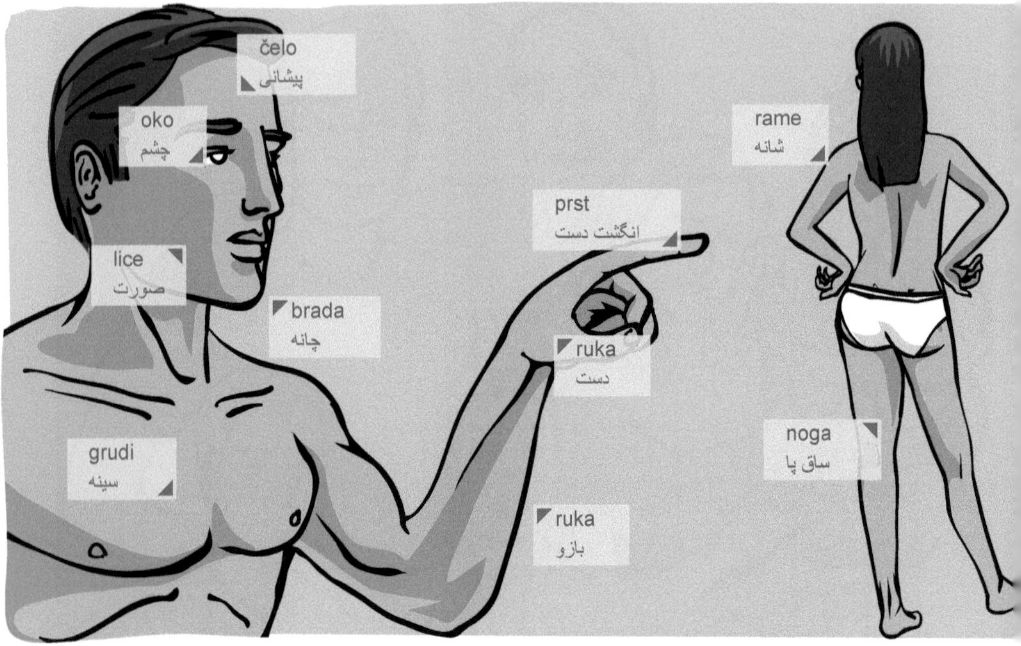

beba

کودک

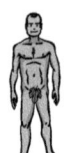

muškarac

مرد

žena

زن

djevojčica

دخترچه

dječak

پسربچه

glava

کله

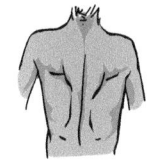

leđa

کمر

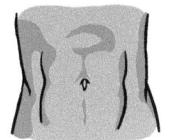

trbuh

شکم

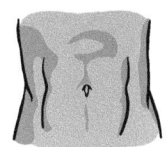

pupak

ناف

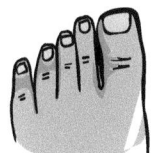

nožni prst

انگشت پا

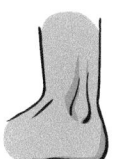

peta

پاشنه

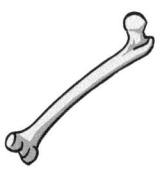

kost

استخوان

kuk

لگن

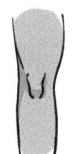

koljeno

زانو

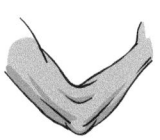

lakat

آرنج

nos

بینی

stražnjica

نشیمنگاه

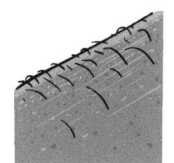

koža

پوست

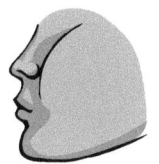

obraz

گونه

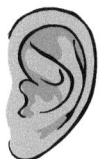

uho

گوش

usna

لب

usta

دهان

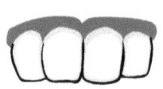

zub

دندان

jezik

زبان

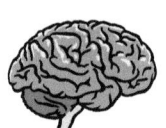

mozak

مغز

srce

قلب

mišić

عضله

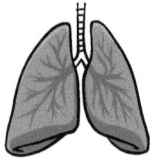

pluća

ریه

jetra

کبد

želudac

معده

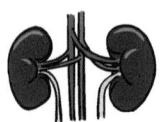

bubrezi

کلیه

snošaj

آمیزش جنسی

kondom

کاندوم

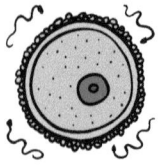

jajna stanica

تخمک

sperma

اسپرم

trudnoća

حاملگی

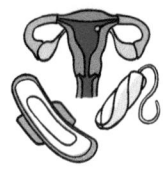

menstruacija

پریود

vagina

واژن

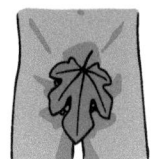

penis

آلت تناسلی مرد

obrva

ابرو

kosa

مو

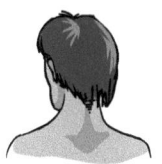

vrat

گردن

bolnica

بیمارستان

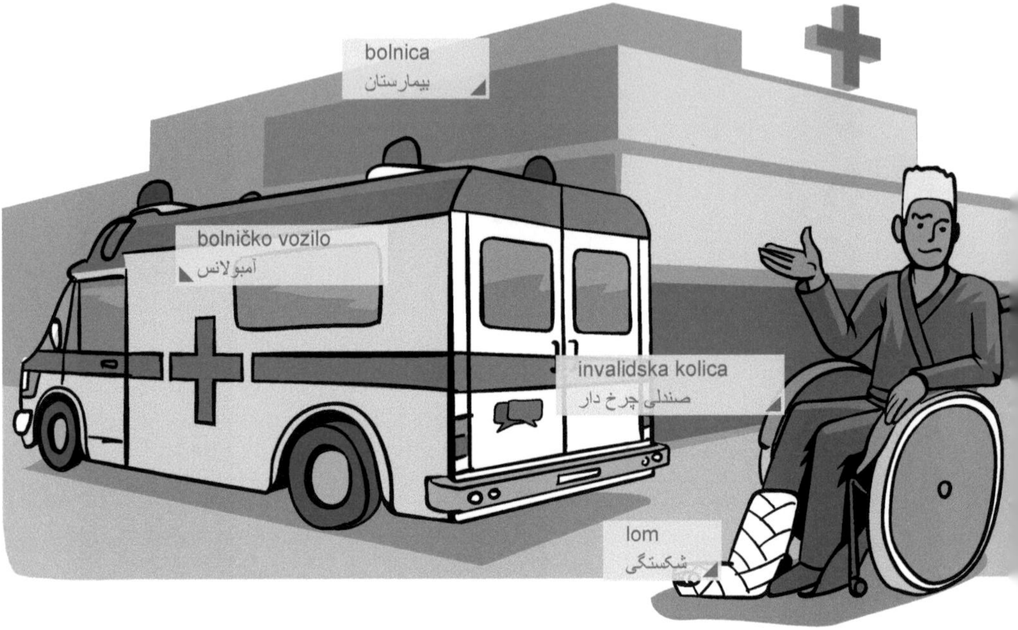

bolnica
بیمارستان
bolničko vozilo
آمبولانس
invalidska kolica
صندلی چرخ دار
lom
شکستگی

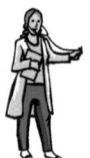

 liječnik

دکتر

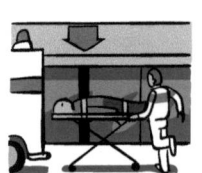

hitna medicinska služba

بخش اورژانس

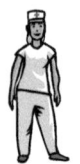

medicinska sestra

پرستار

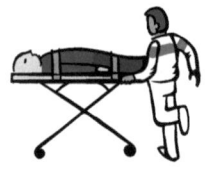

hitni slučaj

موقعیت اضطراری

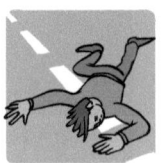

nesvijest

بی هوش

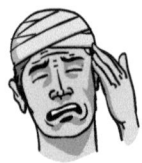

bol

درد

ozljeda

مصدومیت

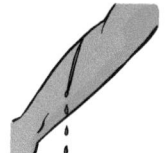

krvarenje

خونریزی

srćani infarkt

سکته قلبی

moždani udar

سکته مغزی

alergija

آلرژی

kašalj

سرفه

groznica

تب

gripa

آنفولانزا

proljev

اسهال

glavobolja

سردرد

rak

سرطان

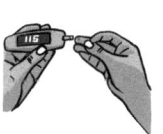

dijabetes

دیابت

kirurg

جراح

skalpel

چاقوی جراحی

operacija

عمل جراحی

ct

سی تی اسکن

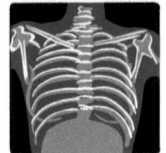

rentgen

پرتونگاری

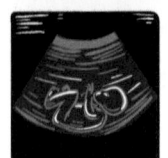

ultrazvuk

سونوگرافی

maska

ماسک صورت

bolest

بیماری

čekaonica

اتاق انتظار

štaka

چوب زیر بغل

flaster

چسب زخم

zavoj

پانسمان

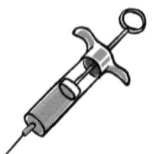

injekcija

تزریق

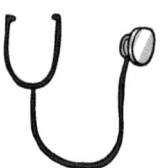

stetoskop

گوشی طبی

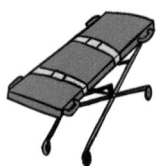

nosilo

برانکار

termometar

دماسنج

rođenje

زایش

prekomjerna težina

اضافه وزن

slušni aparat

سمعک

sredstvo za dezinfekciju

ماده ضد غفونی کننده

infekcija

عفونت

virus

ویروس

hiv / sida

اچ آی وی / ایدز

medicina

دارو

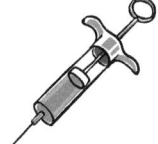

vakcinacija

واکسیناسیون

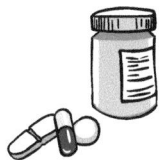

tablete

قرص

pilula

قرص ضد حاملگی

poziv u pomoć

تماس اظطراری

uređaj za mjerenje tlaka

دستگاه اندازه گیری فشارخون

bolesno / zdravo

مریض / سالم

hitni slučaj

موقعیت اضطراری

pomoć!

کمک!

alarm

آژیر خطر

nasrtaj

حمله

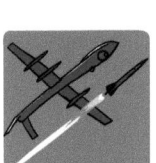

napad

حمله ی فیزیکی

opasnost

خطر

izlaz za nuždu

خروج اظطراری

požar!

آتش

vatrogasni aparat

کپسول آتش‌نشانی

nezgoda

تصادف

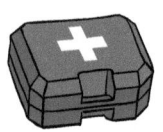

kofer prve pomoći

جعبه کمک های اولیه

sos

درخواست کمک

policija

پلیس

Europa

اروپا

sjeverna amerika

آمریکای شمالی

južna amerika

آمریکای جنوبی

Afrika

آفریقا

Azija

آسیا

Australija

استرالیا

Atlantik

اقیا نوس اطلس

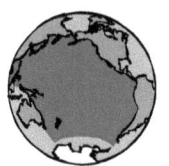

Pacifik

اقیانوس آرام

ocean

اقیانوس هند

antarktički ocean

اقیا نوس اطلس جنوبی

arktički ocean

اقیانوس منجمد شمالی

sjeverni pol

قطب شمال

južni pol

قطب جنوب

Antarktik

قاره قطب جنوب

zemlja

كره زمين

zemlja

سرزمين

more

دريا .

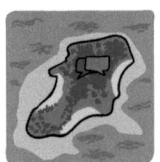

otok

جزيره

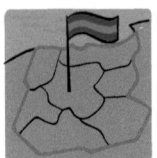

nacija

ملت

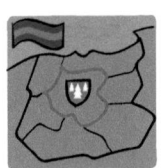

država

كشور

sat

ساعت

brojčanik sata

صفحه ی ساعت

satna kazaljka

ساعت شمار

minutna kazaljka

دقیقه شمار

sekundna kazaljka

ثانیه شمار

Koliko je sati?

ساعت چند است؟

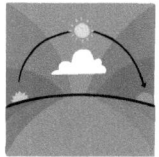

dan

روز

vrijeme

زمان

sada

اکنون

digitalni sat

ساعت دیجیتال

minuta

دقیقه

sat

ساعت

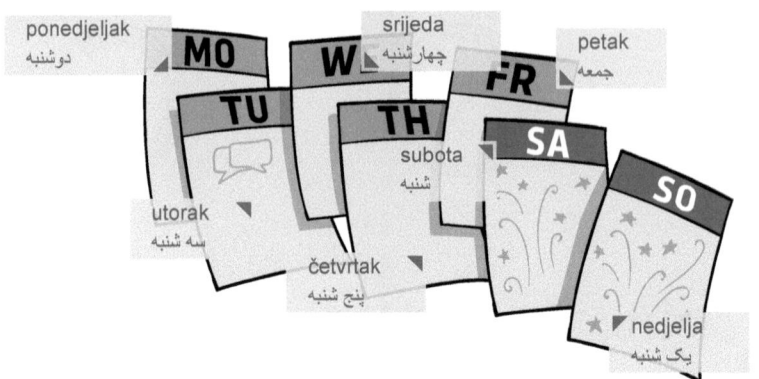

tjedan

هفته

ponedjeljak
دوشنبه
srijeda
چهارشنبه
petak
جمعه
subota
شنبه
utorak
سه شنبه
četvrtak
پنج شنبه
nedjelja
یک شنبه

jučer

دیروز

danas

امروز

sutra

فردا

jutro

صبح

podne

ظهر

večer

غروب

radni dani

روزهای کاری

vikend

آخر هفته

godina
سال

kiša
باران
duga
رنگین کمان
snijeg
برف
vjetar
باد
proljeće
بهار
jesen
پاییز
ljeto
تابستان
zima
زمستان

4.APRIL 11°
5.APRIL 4°
6.APRIL 13°
7.APRIL 8°
8.APRIL 10°

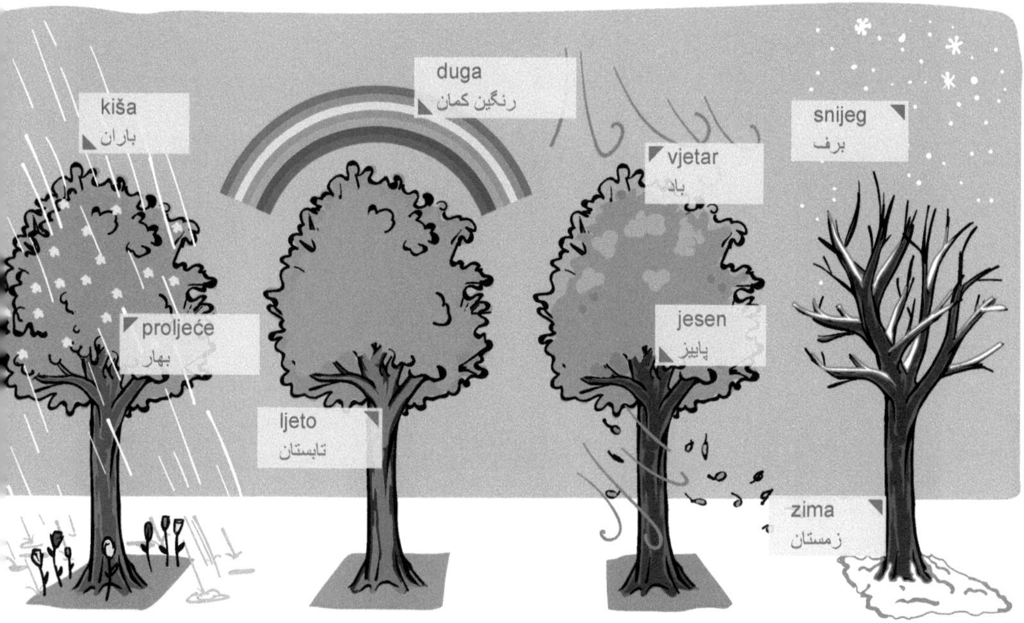

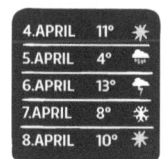

meteorološka prognoza

پیش‌بینی اوضاع جوی

F C
120 40
90 30
60 20
30 10
0 0
-30 -10
-20

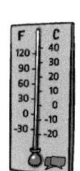

termometar

دماسنج

sunčana svjetlost

تابش آفتاب

oblak

ابر

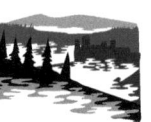

magla

مِه

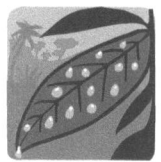

vlažnost zraka

رطوبت هوا

munja

صاعقه

grmljavina

آسمان غره

oluja

طوفان

tuča

تگرگ

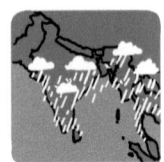

monsun

باد موسمی

poplava

سیل

led

یخ

siječanj

ژانویه

veljača

فوریه

ožujak

مارس

travanj

آوریل

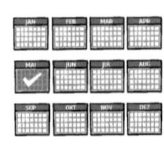

svibanj

مه

lipanj

ژوئن

srpanj

ژوئیه

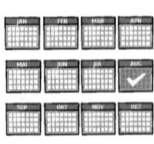

kolovoz

آگوست

godina - سال

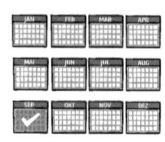

rujan
....
سپتامبر

listopad
....
اکتبر

studeni
....
نوامبر

prosinac
....
دسامبر

oblici

أشكال

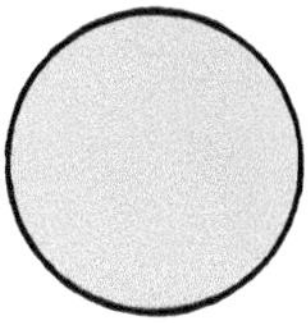

krug
....
دایره

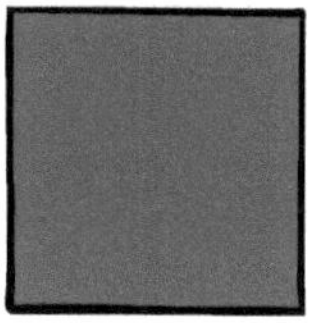

kvadrat
....
مربع

pravokutnik
....
مستطیل

trokut
....
سه گوش

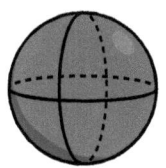

kugla
....
گره

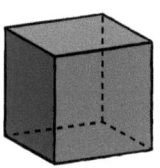

kocka
....
مکعب مربع

boje

رنگ ها

bijela

....

سفید

žuta

....

زرد

narančasta

....

نارنجی

ružičasta

....

صورتی

crvena

....

قرمز

ljubičasta

....

بنفش

plava

....

آبی

zelena

....

سبز

smeđa

....

قهوه ای

siva

....

خاکستری

crna

....

سیاه

mnogo / malo

خیلی / کم

ljutito / mirno

خشمگین/ آرام

lijepo / ružno

زیبا / زشت

početak / kraj

شروع / پایان

veliko / maleno

بزرگ / کوچک

svijetlo / tamno

روشن / تیره

brat / sestra

برادر / خواهر

čisto / prljavo

تمیز / آلوده

potpuno / nepotpuno

کامل / ناقص

dan / noć

روز / شب

mrtvo / živo

مرده / زنده

široko / usko

پهن / باریک

jestivo / nejestivo

قابل خوردن / غیر قابل خوردن

zlo / dobro

غضبناک / مهربان

uzbuđeno / dosadno

هیجان زده / بی حوصله

debelo / mršavo

چاق / لاغر

na početku / na kraju

اولین / آخرین

prijatelj / neprijatelj

دوست / دشمن

puno / prazno

پر / خالی

tvrdo / mekano

سفت / نرم

teško / lagano

سنگین / سبک

glad / žeđ

گرسنگی / تشنگی

bolesno / zdravo

مریض / سالم

ilegalno / legalno

غیرقانونی / قانونی

pametno / glupo

باهوش / خنگ

lijevo / desno

چپ / راست

blizu / daleko

نزدیک / دور

novo / rabljeno

نو / استفاده شده

ništa / nešto

هیچ چیز / چیزی

staro / mlado

پیر / جوان

uključeno / isključeno

روشن / خاموش

otvoreno / zatvoreno

باز / بسته

tiho / glasno

آهسته / بلند

bogato / siromašno

ثروتمند / فقیر

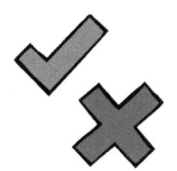

točno / pogrešno

درست / غلط

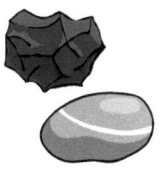

hrapavo / glatko

زبر / صاف

tužno / sretno

غمگین / خوشحال

kratko / dugo

کوتاه / بلند

polako / brzo

کند / تند

mokro / suho

تر / خشک

toplo / hladno

گرم / خنک

rat / mir

جنگ / صلح

0

nula

صفر

1

jedan

یک

2

dva

دو

3

tri

سه

4

četiri

چهار

5

pet

پنج

6

šest

شش

7

sedam

هفت

8

osam

هشت

9

devet

نه

10

deset

دَه

11

jedanaest

یازده

12

dvanaest

دوازده

13

trinaest

سیزده

14

četrnaest

چهارده

15

petnaest

پانزده

16

šestnaest

شانزده

17

sedamnaest

هفده

18

osamnaest

هجده

19

devetnaest

نوزده

20

dvadeset

بیست

100

stotinu

صد

1.000

tisuću

هزار

1.000.000

milijun

میلیون

engleski

انگلیسی

američko engleski

انگلیسی آمریکایی

kinesko mandarinski

چینی ماندارین

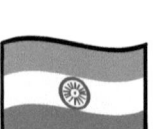

hindi

هندی

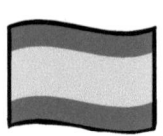

španjolski

اسپانیایی

francuski

فرانسوی

arapski

عربی

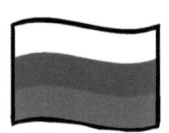

ruski

روسی

portugalski

پرتغالی

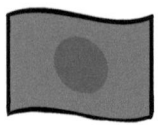

bengalski

بنگالی

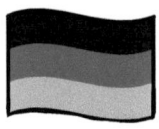

njemački

آلمانی

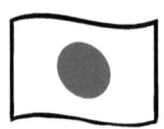

japanski

ژاپنی

ja

من

ti

تو

on / ona / ono

او

mi

ما

vi

شما

oni

آنها

tko?

چه کسی؟ کی؟

što?

چی؟

kako?

چگونه؟

gdje?

کجا؟

kada?

کی؟

ime

نام

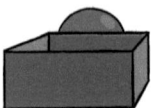

gdje

کجا

iza

پشت

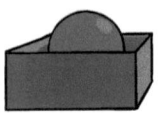

u

توی

ispred

جلو

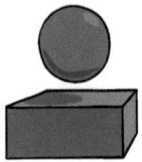

preko

بالای

na

روی

ispod

زیر

pored

مجاور

između

بین

mjesto

مکان